Die Bavaria-Buche

Die Bavaria-Buche

Der Traum vom Baum

Herbert Liedel · Helmut Dollhopf

Stürtz Verlag Würzburg

Traum und Wirklichkeit

Helmut Dollhopf

Manchmal kann man sie noch finden, es gibt sie immer noch, ursprünglich und von seltener Schönheit; sie stehen irgendwo in kleinen Dörfern, an einsamen Waldwegen und sogar in großen Städten – alte Bäume. In unseren Breiten sind sie kostbare Raritäten, letzte unbestechliche Zeugen vergangener Jahrhunderte. Noch leben einige dieser vernarbten und zerzausten Einzelgänger, die tausend Jahre und mehr auf dem Buckel haben, die so schnell nichts umhaut, es sei denn der Mensch. »Ein alter Baum, das wird immer seltener, und man wird alte Bäume bald besichtigen gehen, wie heute irgendeine alte Kapelle.« (Claude Goretta)

Allein auf weiter Flur, geschützt in einer Mulde der flachen Landschaft, steht ein wahres Wunder von einem Baum, ein Naturdenkmal von geradezu berauschender Schönheit – die Bavaria-Buche. Sie ist der schönste Baum im ganzen Land und den Menschen buchstäblich ans Herz gewachsen. Der eigenwillige Einsiedler lebt in der Nähe des kleinen oberbayrischen Dorfes Pondorf im Landkreis Eichstätt. Durch seinen freien Stand in den Feldern konnte sich der Baum nach allen Seiten hin voll entfalten. Seine majestätische Krone ist weithin sichtbar.

Nur wenige Ortsansässige können etwas vom alten Wissen um die Buche vermitteln. Einer von ihnen ist der heimatliebende und naturverbundene Dorfchronist Franz Fersch aus Pondorf. Er fühlt sich diesem Baum verpflichtet und hat viel zur Erhaltung dieses einmaligen Naturdenkmals beigetragen. »Dieser Baum soll, wie viele Leute erzählen, schätzungsweise 900 Jahre alt sein. Er ist 26 Meter hoch und hat in Augenhöhe einen gigantischen Stammumfang von 9,5 Metern. Außergewöhnlich ist auch der Umfang der Krone, der 90 Meter mißt. Natürlich ranken sich um diesen Veteranen viele Geschichten aus seiner geheimnisumwobenen Vergangenheit.

Eine davon ist die Sage des unglücklichen Gutsherrn von Stenzenhof: Als der Gutsherr von Stenzenhof mit den deutschen Kreuzrittern fortzog, begleitete ihn seine Familie bis zur Gemarkungsgrenze, um sich dort von ihm zu verabschieden. Da aber die Frühjahrsschmelze gerade den Flurgraben füllte, hielt man an dem nach Pondorf hin ansteigenden Anger bei einem kleinen Buchenstämmchen an. Hier tat der Ritter das Gelöbnis: Wenn die Mohammedaner aus dem Heiligen Land vertrieben sind, werde er alsbald wieder zu seiner Familie zurückkehren, sofern er Kampf und Strapazen überleben würde.

Es gingen mehrere Jahre ins Land. Die Herrin von Stenzenhof hörte nichts von ihrem Gemahl, und er kehrte nicht zurück. Da warb ein anderer Ritter um die Gutsherrin, weil er den schönen Landbesitz haben wollte. Die Herrin von Stenzenhof wies den Freier jedoch ab, da das Schicksal ihres Mannes noch ungewiß war. Sie sprach: ›Eher soll diese junge Buche, bei welcher sich mein Gemahl von mir verabschiedete, tausend Jahre alt werden, bevor ich einen Mann nehme, ohne daß der Tod meine erste Ehe gelöst hat.‹ Darauf ward der Brautwerber sehr zornig, nahm sich mit Gewalt den Besitz und verstieß die Gutsherrin mit ihren Kindern. Sie fanden Zuflucht bei den Johannitern des Klosters in Altmühlmünster. Aus Herzeleid verstarb die Rittersfrau, und ihre Kinder zogen in eine fremde Gegend.

Jahre waren vergangen, als in einer stürmischen Novembernacht ein unbekannter Reiter durch Pondorf trabte. Beim Gasthaus hielt er an, um sich nach langem Ritt zu stärken. Niemand erkannte ihn, als er sich nach dem Gut von Stenzenhof erkundigte und nach dessen Besitzern. Der Wirt und die neugierig herumsitzenden Bauern und Waldarbeiter erzählten, daß der Ritter auf einem Kreuzzug gefallen oder verschollen sei, daß ein fremder Mann um die Gunst der Gutsherrin vergeblich geworben und sie daraufhin mit ihren Kindern von Haus und Hof vertrieben habe.

Hierauf sagte der Reitersmann, er habe eine Botschaft vom Ritter zu überbringen. Da nun aber niemand mehr aus der Familie des Vermißten auffindbar war, wollte er, getreu dem Vermächtnis seines verschollenen Freundes, eine Botschaft und einen wertvollen Schatz, den er aus dem Orient mitgebracht habe, bei der Buche vergraben, an welcher sich der Herr von Stenzenhof von seiner geliebten Gemahlin und seinen Kindern verabschiedet hatte. Er sagte dies, zahlte seine Zeche, sowie auch die der Bauern und Holzfäller, bestieg sein Pferd und ritt gen Stenzenhof der Buche zu.

Niemand in der nur von Kienspanfackeln erleuchteten Wirtsstube hatte den Ritter erkannt. Nur die alte Ahnfrau des Wirtes sagte tags darauf zu ihrem Sohn, dem Wirt: ›Heute Nacht ist der Ritter von Stenzenhof heimgekehrt, wie traurig, daß er seine Frau und Kinder nicht mehr sehen kann.‹ Der Wirt wollte es nicht glauben: ›Woher willst du wissen, daß der fremde Reiter der Herr von Stenzenhof gewesen ist? Der ist schon lange tot, denn sonst wäre er längst zurückgekommen.‹ Die Ahnfrau aber sagte: ›Was ich gehört habe, als er von uns wegritt, gibt mir Gewißheit. Ich aber werde mein Wissen mit ins Grab nehmen.‹

Rasch machte diese Begebenheit in den wenigen geduckten Holzhäusern der kleinen Orte Pondorf, Winden, Breitenhill, Megmannsdorf und Neuses die Runde. Auch der neue Herr auf Stenzenhof erfuhr davon. Er hatte inzwischen eine Gutsfrau gefunden, und sagte zu ihr: ›Ich werde des Nachts die Botschaft und den Schatz in der Erde unter der Buche suchen und an mich nehmen.‹ Seine Frau wollte ihn von diesem Vorhaben abhalten. Doch der Mann sprach: ›Heute nacht werde Schnee fallen und die Spur verdekken.‹ So ging er vom Hofe weg, um seine Gier zu stillen. Als er aber in Richtung Buche hangabwärts stieg, verfehlte er den Weg, stürzte in den Flutgraben und brach sich beide Beine, so daß er hilflos liegenblieb. Durch den frostigen Ostwind kroch ihm die Kälte bald in den Gliedern hoch und ließ ihn immer mehr erstarren. Gegen Mitternacht begann es zu stürmen und zu schneien. Als er bei Tag nicht heimkehrte, schickte seine Frau Knechte auf die Suche, doch sie fanden ihren Herrn nicht, ja nicht einmal eine Spur, denn der Schnee war inzwischen sehr hoch. Angst und Schrecken befiel die Leute der Umgegend, als sie von dem sonderbaren Vorfall erfuhren. Erst bei der nächsten Schneeschmelze fand man den Toten.

Wegen dieses unheimlichen Geschehens und der vorhergegangenen Ereignisse, wagte es niemand mehr, nach dem vergrabenen Schatz zu suchen oder Axt und Säge an die Buche zu legen. Diese wuchs, wurde zu einem kräftigen Baum und breitete immer mehr ihre Äste in schöner Form aus, gleichsam als wolle sie die Hinterlassenschaft des schwergeprüften Kreuzritters beschützen, von welchem man nie mehr etwas erfahren hat.

Als Stenzenhof zu einem lieblichen kleinen Ort mit fünf Bauernhöfen wuchs, war bereits der Dreißigjährige Krieg längst vergangen und die Buche stand, immer noch größer werdend, in der Flur. Des öfteren, so erzählte man sich, haben des Nachts Vorbeigehende unerklärliche Geräusche vernommen, gerade in dunklen Herbst- und Winternächten. Aus dem riesigen Geäst des Baumes glaubt man das Klappern von Pferdehufen, das Klirren von Ritterrüstungen im Kampfe und auch Schmerzensschreie herauszuhören. Manch furchtlosem Mann kam dabei das Grauen und er schickte ein Stoßgebet zum Himmel.

Vielleicht war es das an einen großen Umhang erinnernde, weit ausladende und tief herabhängende Geäst, welches an den Schutzmantel der Patrona Bavaria erinnert, daß der nun viele Jahrhunderte alte Baum mit seiner seltenen Formschönheit seit langer Zeit den Namen ›Bavaria-Buche‹ trägt. Doch einmal wird auch dieser Patriarch sterben und so hat man am 7. Mai 1987, am Tag des Baumes, eine junge Buche in seiner Nähe eingepflanzt. Ob diese jedoch das Alter und die Schönheit der Bavaria-Buche jemals erreichen wird, mag bezweifelt werden.

Ach siehe dort die Bavaria-Buche!
Fast tausend Jahre steht sie in der Flur,
wenn ich weitum landauf und -abwärts suche,
find ich kein schön'res Denkmal der Natur.«

Dieses kleine Gedicht von Franz Fersch klingt wie ein leiser, vorsorglicher Abschied. Hier ist einer, der sich um einen einzigen Baum Sorgen macht, und wenn man ihn nach dem Befinden der Buche fragt, sagt er zwar, daß der Baum grünt wie eh und je und noch gesund sei, doch man spürt die abwartende Trauer, die sich hinter seinen Worten verbirgt.

Im Laufe unseres »Baumjahres« trafen wir regelmäßig Martin Kolb aus Pondorf und seine Ehefrau Anna bei der Feldarbeit. Er erzählte uns folgendes: »Schon als Kinder trafen wir uns nach der Schule unter der Buche. Wir schaukelten in ihren tief herabhängenden Ästen und kletterten wie die Katzen hoch in die Baumkrone hinauf. Es war eine schöne Zeit und wir spielten solange, bis uns die Eltern über die Felder nach Hause riefen.

Das ganze Jahr über bin ich hier, an vielen Tagen, weil ich zusammen mit

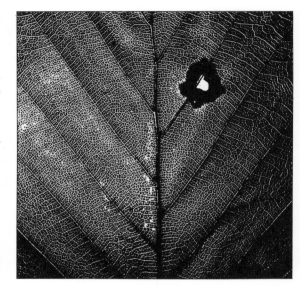

meiner Frau die Felder um den Baum herum bestelle; der Baum selbst steht auf dem Grund der Gemeinde. Dabei komme ich mit vielen Leuten ins Gespräch, die den Baum besichtigen und von seiner Schönheit beeindruckt sind. Neulich war ein amerikanischer Kommandant hier. Er zeigte mir ein Erinnerungsfoto, das ihn in Uniform im Zweiten Weltkrieg unter der Buche zeigt. Nach über 40 Jahren flog er nun als alter Mann mit seinem Sohn nach Hamburg, nahm sich ein Leihauto und fuhr zur Buche. Er sagte mir, dieser Baum sei einmalig auf der ganzen Welt.

Wie durch ein Wunder hat die Buche bisher alle Eingriffe der Menschen überlebt. Um die Jahrhundertwende wurde durch Artillerie ein großer Ast aus seiner runden Kuppelkrone ge

schossen. Es ist alles wieder zugewachsen. Noch ist er voller Leben und wächst jährlich 6–10 cm. An den Trieben kann man es genau erkennen.

Kürzlich bohrten Fremde ein tiefes Loch in den Stamm, um festzustellen, ob er gesund sei: Ich bin damit nicht einverstanden. Sicher muß alles getan werden, um ihn zu schützen und zu erhalten. Einige Unvernünftige fahren mit ihren Autos direkt unter den Baum; der Boden kann sich dann so verfestigen, daß für die flachliegenden Wurzeln die Belüftung nicht mehr ausreicht. Die größte Schädigung des Baumes sehe ich in den undichten, zersprungenen Zementplomben, die er im Laufe der Jahre erhalten hat. Da der Baum sich bewegt, wird der Zwischenraum von lebendigem Holz und Zement immer größer und Schädlinge können in den Stamm eindringen. Hier müßte ein Baumchirurg Abhilfe schaffen.

Einige befürchten auch, daß der Baum im Winter unter der Last des Schnees oder auch bei Sturm auseinanderbrechen könnte und möchten ihn am liebsten mit Stahlseilen verspannen. Daran glaube ich nicht. Wer einmal gesehen hat, wie sich auch im strengsten Winter die Äste kaum biegen, der kann solche Maßnahmen nicht für gut halten. Dieser Baum hat eine Würde, die der Mensch nicht antasten darf.«

Martin Kolb lebt mit diesem alten

Baum, er beobachtet ihn zu jeder Jahreszeit. Für ihn ist die Buche ein lebendiges Wesen; er meint, man sollte sie in Ruhe lassen, sie ist auch ohne die Hilfe des Menschen so alt geworden.

Unsere erste Begegnung mit der Bavaria-Buche war eher flüchtig; unverhofft wurde sie zum unvergeßlichen Erlebnis einer persönlichen Annäherung. Wir fuhren in Richtung Pondorf und sahen für einen kurzen Augenblick die Silhouette eines Baumes auftauchen, die gleich wieder hinter dem Horizont verschwand. Vom Ortsrand aus stapften wir durch den tiefen Schnee auf eine runde Baumkrone zu, die sich am Ende des weißen Feldes zart gegen den grauen Winterhimmel abzeichnete. Aus der Entfernung war es nicht möglich, die wirkliche Größe des Baumes abzuschätzen. Erst im langsamen Näherkommen wuchs die Buche förmlich aus der Landschaft heraus und stand schließlich in ihrer ganzen mächtigen Gestalt vor uns – wie ein unerwartetes Geschenk von großer Schönheit. Wer sich einmal unter diesem Märchenbaum aufhielt, läßt fast wie von selbst die Hand über die wulstige Rinde gleiten. Es ist wie eine begreifbare Erinnerung an einen Baum unserer Kindheit. Auf eine unaussprechliche Art erstaunt und verwundert liefen wir ein paarmal um den Stamm herum, betrachteten den Baum von mehreren Seiten und machten uns nach einiger

Zeit beruhigt und zufrieden auf den Heimweg. Im Frühjahr wollten wir wieder kommen.

Eine Begeisterung fesselte unsere Gedanken in den darauf folgenden Tagen. Das Bewußtwerden des Schönen wurde erst durch die direkte Erfahrung ausgelöst. Wenn Goethe das Schöne erlebte und deutete, so geschah es vor allem in Zusammenhang mit einem Naturerlebnis. »Das Schöne ist ein Urphänomen, das zwar nie selbst zur Erscheinung kommt, dessen Abglanz aber in tausend verschiedenen Äußerungen des schaffenden Geistes sichtbar wird und so mannigfaltig und so verschiedenartig ist als die Natur selber.«

Das Leben ist arm geworden an schönen Augenblicken in unserer ausgeräumten Landschaft, und es läßt sich wohl kaum leugnen, daß unser schlechter Umgang mit der Natur mit einem zunehmenden Mangel an ästhetischer Sensibilität zu tun hat. Durch die Wertvorstellungen einer einseitig orientierten Leistungsgesellschaft, die vor allem der Wirtschaftlichkeit huldigt, wird das ethische und das ästhetische Blickfeld eingegrenzt, für die Schönheit bleibt fast kein Raum mehr.

»So kann man in unseren Zivilisationen den Grad der ›Modernisierung‹ einer Landschaft meist unmittelbar am Ausmaß ihrer Häßlichkeit ablesen. Es ist ein gefährlicher Irrglaube zu meinen, die Sorge um die Erhaltung natürlicher Regionen wäre ein nostalgischer Wunsch sentimentaler Naturapostel. Dasjenige nämlich, was eine naturbelassene oder sachkundig gepflegte Landschaft schön macht, ist jenes Maß an Ordnung, das sie gesund und am Leben erhält. Und wenn die im wahrsten Sinne des Wortes verblendeten Technokraten ausschließlich ›objektive‹ Argumente hören wollen, mögen sie endlich zur Kenntnis nehmen, daß der Schwindel mit dieser angeblichen Objektivität nicht länger dazu benützt werden kann, die Menschen für dumm zu verkaufen. ... Das quantifizierbare Kriterium der Nützlichkeit macht nämlich den Mitmenschen zur Ware und zum Gebrauchsobjekt, das genauso ›verwendet‹ wird wie das Automobil, das man wechselt, wenn es nicht mehr ›funktioniert‹. Und die Blindheit gegenüber dem Wert alles Lebendigen, die Unfähigkeit, die unverwechselbare Individualität und das nicht meßbare Einmalige des Mitmenschen wahrzunehmen und zu begreifen – das ist das wirklich Böse! Dies ist der Grund, warum der Verlust der Gestaltwahrnehmung, des ästhetischen Sinns, des Sehens in Bildern zu jener Geisteskrankheit führt, die sich in einem ausschließlichen Rationalismus äußert und deren Symptome am deutlichsten Chesterton beschrieben hat. Das Abtöten alles Menschlichen macht die Ratio frei für die eisige Logik des Szientismus. Dieser hat zu einer kollektiven Verblödung des Menschen geführt, weil Bildung, Humanität und Ethik von Fähigkeiten abhängen, die mit dem Sehen, also einem grundlegenden ästhetischen Sinn zusammenhängen und nicht mit dem Messen. Der durch seine Angst vor dem Leben auf die Geometrie des Vorhersehbaren zurückgeworfene Mensch wird mir freilich widersprechen. Denn er weiß nicht, daß die Wirklichkeit bunter, komplizierter und bildreicher ist, als es seinem kleinkariert konstruierten Weltverständnis entspricht. Er weiß auch nicht, daß man die Uhr nicht in ihre Bestandteile zerlegen muß, um zu sehen, wie spät es ist.« (Robert Kaspar, Von der Kunst des Sehens, Konrad Lorenz zum 80. Geburtstag gewidmet.)

Wer soll in ›bereinigten‹ Landschaften mit Monokulturen, versiegelten Böden und begradigten Wasserläufen das Sehen lernen? Wo Schönheit fehlt, breitet sich bei den Menschen früher oder später Langeweile, Unzufriedenheit, Aggression und Hoffnungslosigkeit aus. Die Schutzfunktion des Schönen ist eben nicht eindeutig zu fassen, weil sie sich dem rein Verstandesmäßigen entzieht. Für die Ästhetik der Natur zu plädieren, bedingt somit sie zu schützen! »Kunst ist die Erlösung der Natur. Entscheidend dabei ist, daß Kunst es immer mit Schönheit zu tun hat und daß Schönheit nur interesselos, ohne Ansehung denkbarer Nützlichkeit des Gegenstands zu erfahren ist. Diese Haltung ist heute, wo die ganze Welt bis hin zum Menschen selbst uns zur Ressource wird, entscheidend für die Erneuerung des Naturerlebens.« (Klaus Michael Meyer-Abich)

Im Laufe der nächsten Monate wurde unsere Verbindung zur Bavaria-Buche immer enger. Zu allen Jahreszeiten besuchten wir nun ›unseren‹ Baum. Dieser grüne Einsiedler hatte unsere Zuneigung und Bewunderung gewonnen, wurde uns immer vertrauter. Man sieht die narbenreiche, rissige Rinde; man sieht, wie der Baum sich gewehrt hat. Über Jahrhunderte hinweg hat er allen Gefahren widerstanden, hat Wind und Wetter und menschliche Eingriffe überdauert und grünt und grünt noch immer.

Die Bavaria-Buche ist ein Einzelgänger, ein sogenannter Solitärbaum, und wie so oft sind es die Dichter, die eine innige Beziehung zu diesen einzeln stehenden Bäumen aufgenommen haben.

»Bäume sind für mich immer die eindringlichsten Prediger gewesen. Ich verehre sie, wenn sie in Völkern und Familien leben, in Wäldern und Hainen. Und noch mehr verehre ich sie, wenn sie einzeln stehen. Sie sind wie Einsame. Nicht wie Einsiedler, welche aus irgendeiner Schwäche sich davongestohlen haben, sondern wie große, vereinsamte Menschen, wie Beethoven und Nietzsche. In ihren Wipfeln rauscht die Welt, ihre Wurzeln ruhen im Unendlichen; allein sie verlieren sich nicht darin, sondern erstreben mit aller Kraft ihres Lebens nur das Eine: ihr eigenes, in ihnen wohnendes Gesetz zu erfüllen, ihre eigene Gestalt auszubauen, sich selbst darzustellen. Nichts ist heiliger, nichts ist vorbildlicher als ein schöner, starker Baum.

Wenn ein Baum umgesägt worden ist und seine nackte Todeswunde der Sonne zeigt, dann kann man auf der lichten Scheibe seines Stumpfes und Grabmals seine ganze Geschichte lesen: in den Jahresringen und Verwachsungen steht aller Kampf, alles Leid, alle Krankheit, alles Glück und Gedeihen treu geschrieben, schmale Jahre und üppige Jahre, überstandene Angriffe, überdauerte Stürme. Und jeder Bauernjunge weiß, daß das härteste und edelste Holz die engsten Ringe hat, daß hoch auf Bergen und in immerwährender Gefahr die unzerstörbarsten, kraftvollsten, vorbildlichsten Stämme wachsen.

Bäume sind Heiligtümer. Wer mit ihnen zu sprechen, wer ihnen zuzuhören weiß, der erfährt die Wahrheit. Sie predigen nicht Lehren und Rezepte, sie predigen, um das Einzelne unbekümmert, das Urgesetz des Lebens.« (Hermann Hesse, Bäume)

Immer wieder waren wir voller Erwartung und Neugier, wenn wir die Buche einige Zeit lang nicht gesehen hatten. Wie war das Licht, wie war die Farbe der Blätter, war Nebel, war Rauhreif? Nach einer längeren Fahrt mit dem Wagen war es jedoch nicht immer leicht, Zugang zum »Objekt« zu finden. In der Karosserie ist man vom Gewachsenen getrennt und bei der Ankunft prallen die Gegensätze zu schnell aufeinander. Es fehlt das Verbindende des langsamen Weges – die allmähliche Annäherung, die richtige Ein-Stellung – nicht nur der Kamera – muß erst noch erfolgen.

»Man kann es nicht bewußt suchen, dieses geheimnisvolle, nicht definierbare ›Sehen‹. Es ist kein Talent, das man beliebig abrufen, das man an-

und abschalten kann. Man kann nicht für fünf Minuten an einen Baum herangehen und erwarten, ihn zu ›sehen‹. Kann sein, daß man ihn auch nach einem Tag oder einer Woche nicht wirklich sieht. Das hängt von etwas in unserem Innern ab. Mit dem Baum hat das nichts zu tun. Der erhoffte Moment läßt sich nicht herbeizwingen. Er kommt – oder er kommt auch nicht. Man muß darauf warten. Man sieht etwas, weil man es dann plötzlich sehen kann, und nicht, weil es ›sehenswert‹ ist. Das sind Regeln, die sich aller Einflußnahme entziehen. Warten. Nur der Wartende wird ergriffen, sagt Stifter. Nur wer gelassen ist in der Zeit, kommt weiter. Die Natur hat so ihre Art, sich dem Eiligen zu entziehen. Natur offenbart sich und fast gleichzeitig verbirgt sie sich.« (Friedrich Abel)

Ein alter Baum ist bildgewordene Zeit und bildgewordene Geduld. »Er ist ein Stück Leben. Er beruhigt. Er erinnert. Er setzt das sinnlos heraufgeschraubte Tempo herab, mit dem man unter großem Geklapper am Ort bleibt.« (Kurt Tucholsky)

Der alte Riese lebt nach dem Gesetz der Natur und braucht die Menschen nicht. Das Gefühl, etwas Größerem, Überlegenerem gegenüberzustehen, ohne einer Bedrohung ausgesetzt zu sein, ist tröstlich und wunderbar zugleich. Mit unseren Aufnahmen von der Bavaria-Buche unternehmen wir den

Versuch, die lebendige Vielfalt eines Baumes mit den Mitteln der Fotografie umfassend und intensiv darzustellen. Der Baum wird in seiner natürlichen Eigenständigkeit und Individualität so gezeigt, wie er sich dem Auge darbietet, auf Verfremdungen und Manipulationen wurde verzichtet. Besonders bei den Rindenbildern wird sichtbar, daß bei aller Sachlichkeit in der Darstellung eine enorme Magie hinter den abgebildeten Dingen verborgen liegt. Doch erst unsere Wahrnehmung bringt den Baum zum »Reden«, und neben dem räumlichen entwickelt sich ein zweites »inneres« Sehen.

»Eine Vorstufe dazu ist, die Selbsterfahrung in der Naturerfahrung zu üben und dadurch ein Mitgefühl zu gewinnen. Das dialogische Verhältnis, durch das die Natur im Menschen in ein Gespräch mit sich selber eintritt, kann dadurch entstehen, daß wir uns mit Pflanzen, Tieren oder Elementen identifizieren, auf diese Weise das Naturerleben in uns wecken und so der eigenen Identität bewußt werden. Wir erfahren dann die Natur als unsere eigene Natur. ... Die Selbsterfahrung im Betroffensein ist das wesentliche Merkmal allen Erlebens. Sich nicht zu fühlen ist der Tod. Wir erleben etwas erst dann, wenn wir dabei auch selbst betroffen sind, so daß das Ich-erlebe alles Erleben begleitet. Zu dieser Selbsterfahrung aber kommt es nicht schon dadurch, daß jemand etwas macht, sondern erst dadurch, daß ihm etwas widerfährt und ihn berührt. Nicht die gewollten, sondern die empfangenen Erfahrungen sind es, die einen Menschen zu dem bilden, der er ist.« (Klaus Michael Meyer-Abich, Wege zum Frieden mit der Natur)

Es sind die einfachen Dinge, die uns den Schlüssel finden lassen zu einem intensiven Naturerleben: die zarten Übergänge zwischen den Jahreszeiten, die Zeit der Dämmerung, des Zwielichts und der Dunkelheit der Nacht. Man lernt, die Poesie des Augenblicks in seiner zauberhaften, vergehenden Schönheit wahrzunehmen: das wandernde Licht der tiefstehenden Sonne auf dem zerfurchten Stamm, den Schatten einer Sommerwolke über der Landschaft, das Aufsteigen des Nebels im Herbst, den ersten leichten Schnee im November. Durch die fotografische Absicht wird die stumme Bavaria-Buche zum Gesprächspartner, zum Baum an sich, zum Sinnbild der Natur und des gesamten Kosmos.

Das Gespür für die Jahreszeiten ist in klimatisierten Räumen immer mehr verlorengegangen, ein direkter Erlebnisbezug zur Natur ergibt sich meist nur im Urlaub oder an schönen Wochenendtagen. Woher sollen wir die Einsicht und den Antrieb zur Erhaltung der Natur nehmen, wenn nicht aus Na-

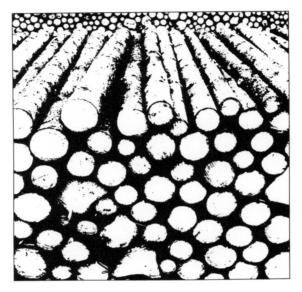

turerlebnissen, aus der Erkenntnis, Unersetzliches zu verlieren. Naturerlebnis gilt heute als Marotte von gestern, als nicht mehr zeitgemäße Träumerei. In unserer durchindustrialisierten Welt wurden Gedanken und Fantasie, wurde der Daseinszusammenhang von Mensch und Natur im Interesse einer einseitigen Nutzung scheinbar logisch auseinanderdividiert. Die symbiotische Beziehung von Mensch und Baum wird verdrängt und nicht mehr wahrgenommen. In unseren Bildern steht die Bavaria-Buche stellvertretend für alle Bäume, die zu sterben drohen. Die Fotografie möchte hier auf die Gleichgültigkeit und Beziehungslosigkeit unserer Zeit aufmerksam machen.

Die Indianer Nordamerikas wußten noch, daß das Herz der Menschen hart wird, wenn es sich der Natur entfremdet. Mangelnde Ehrfurcht vor allem Lebendigen läßt bald auch die Ehrfurcht vor dem Menschen absterben, deshalb war die Anschauung und das Erlebnis in der Natur ein wichtiger Bestandteil ihrer Erziehung. »Weißt du, daß Bäume reden? Ja, sie reden. Sie sprechen miteinander, und sie sprechen zu dir, wenn du zuhörst.

Aber die weißen Menschen hören nicht zu. Sie haben es nie der Mühe wert gefunden, uns Indianer anzuhören, und ich fürchte, sie werden auch auf die anderen Stimmen in der Natur nicht hören. Ich selbst habe viel von den Bäumen erfahren: manchmal etwas über das Wetter, manchmal über Tiere, manchmal über den Großen Geist.« (Tatanga Mani)

Die lebendige Sprache eines Baumes im Kreislauf des Jahres, wer kann und will sie in einer naturentfremdeten Zeit noch verstehen?

»Die Buche sagt: ›Mein Walten bleibt das Laub.
Ich bin kein Baum mit sprechenden Gedanken.
Mein Ausdruck wird ein Ästeüberranken,
Ich bin das Laub, die Krone überm Staub.
Dem warmen Aufruf mag ich rasch vertraun,
Ich fang' im Frühling selig an zu reden,

Ich wende mich in schlichter Art an jeden.
Du staunst, denn ich beginne rostigbraun!
   Mein Waldgehaben zeigt sich sommerfroh.
Ich will, daß Nebel sich um Äste legen,
Ich mag das Naß: ich selber bin der Regen.
   Die Hitze stirbt: ich grüne lichterloh!
   Die Winterpflicht erfüll' ich ernst und grau.
Doch schütt' ich erst den Herbst aus meinem Wesen.
Er ist noch niemals ohne mich gewesen.
Da werd' ich Teppich, sammetrote Au.‹« (Theodor Däubler, Die Buche)

In den Wintermonaten ist die Buche kahl. Dann sind die Verzweigungen und Verästelungen der ausladenden Kuppelkrone zu durchschauen, erst jetzt zeigt sich der ganze Reichtum ihres Wuchses. Der weitausgreifende Schwung der Äste wirkt bewegt und statisch zugleich, ist ein tausendfaches Greifen und Strecken, rundum. »Überhaupt liegt in den Bäumen ein unglaublicher Charakter der Sehnsucht, wenn sie so fest und beschränkt im Boden stehen, und sich mit den Wipfeln, soweit sie können, über die Grenzen der Wurzeln hinaus bewegen.« (Wilhelm von Humboldt, in einem Brief 1824.)

Eisige Kälte läßt die Buche erstarren, ihre Zweige werden vom Sturm gepeitscht und an manchen Rauhreiftagen bis an den Boden gedrückt. Doch geduldig wartet sie auf bessere Zeiten und schon im Februar spüren ihre Wurzeln die Regungen des Frühlings.

Am schönsten ist die Buche im Frühling, in den ersten Maitagen, kurz nachdem sich ihre Blätter entfaltet haben und der gelbe Löwenzahn auf »ihrer« Wiese zu blühen beginnt. Wer Glück hat, kommt dazu, wenn sich die ersten zartgrünen Blättchen aus den unteren äußersten Zweigen herausschieben und dabei die kegeligspitzen, rehbraunen Knospenhüllen abstreifen. Der zarte Blattschleier unter dem lichten Frühlingshimmel scheint zu schweben, und wenn die Sonne auf die seidigglänzenden Wimpern der geäderten Blättchen fällt, leuchten sie hellgrün, als wären sie aus feinstem venezianischen Glas. Wenige Tage dauert das alljährlich wiederkehrende Schauspiel, dann ist das Blätterdach der Bavaria-Buche zugewachsen. Die Blätter an den fächerartig verzweigten Ästen haben sich so schützend genau übereinander gestellt, daß fast kein Sonnenstrahl mehr durch das Blattgewölbe hindurchflimmern kann. In der Dunkelheit am Boden gedeiht nur noch eine kleine Pflanzengemeinschaft, die rechtzeitig im Frühjahr zum Blühen kommen muß. Ohne diesen Schatten, der den Stamm und die flach unter der Erde entlang wachsenden Wurzeln vor Austrocknung und Temperaturschwankungen schützt, könnte der Baum nicht überleben.

Bereits gegen Anfang Juni hat die Buche ihr sattgrünes Sommergewand übergestreift, längst haben die Blätter ihren weichen samtigen Flaum verloren und sich in der warmen Luft ausgedehnt, wurden zusehends glatter und ledriger. In ein paar Wochen hat sich ein Wunder vollzogen, hunderttausende von Blättern sind der Buche gewachsen, und es bleibt ihr Geheimnis, warum keines dem anderen in der Form absolut gleicht. »Wüßt' ich genau, wie dies Blatt aus seinem Zweige herauskam, schwieg ich auf ewige Zeit still: denn ich wüßte genug.« (Hugo von Hofmannsthal)

Daß die Bavaria-Buche vom Menschen weitgehend geschont wurde, hat vielleicht auch damit zu tun, daß in alten Zeiten Buchen zu den fruchtbaren Bäumen zählten. Ihr botanischer Pflanzengattungsname ›Fagus‹, der sich vom griechischen Wort ›Essen‹ ableitet, weist in diese Richtung. Früher wurde das Vieh vom Dorfhirten auf die Weide getrieben, wo man neben Eichen auch gerne einzelne Buchen anpflanzte, sogenannte Hutebuchen, die als Nahrungs- und Schattenspender für das Weidevieh hoch geschätzt waren. In der freien Landschaft konnten sich solche Buchen zu gewaltigen Bäumen mit riesig ausladenden, schweren Kuppelkronen entwickeln und ein hohes Alter erreichen. Die Bavaria-Buche ist ein uralter Baum-Methusalem. Normalerweise brechen Buchen nach etwa 300–400 Jahren auseinander. Ihr Holz ist zwar fest, wird aber leicht brüchig und reißt, zudem wird es häufig von Schädlingen befallen. Der Blitz schlägt angeblich in Buchen selten ein und daher heißt es im Volksmund: »Von Eichen sollst du weichen, Buchen aber suchen.« Zur Ölgewinnung und Mästung des Viehs, besonders der Schweine, die davon schnell rund und fett wurden, brauchte man die Bucheckern als unentbehrliches Naturprodukt.

Im Herbst war dann alles auf den Beinen, um die Ernte einzuholen. In großen Weidenkörben wurden die fetthaltigen Bucheckern zu den eigens dafür eingerichteten Ölmühlen gebracht, zerkleinert und ausgepreßt. Die übrig gebliebenen Ölkuchen wurden als Mastkuchen verwendet. Zuviel von diesen Ölkuchen durften die Bauern allerdings nicht an das Vieh verfüttern, denn die Samenwand der Buchecker enthält ein flüchtiges, leichtgiftiges Öl, Fagin, das krampfartige Erscheinungen auslösen kann.

Die Zeiten haben sich geändert — die Bucheckern werden kaum mehr gebraucht. Wer erinnert sich heute noch daran, daß er als Kind zum ›Buchelsammeln‹ in den Wald ging? Wer macht sich heute noch die Mühe, so ein braun glänzendes, dreieckiges Nüßlein überhaupt aufzubrechen, um seinen süßen Geschmack kennenzulernen?

Die ganze Widerstandskraft und Anpassungsfähigkeit des trutzigen Einzelgängers läßt sich an seinem wuchtigen Stamm ablesen, der von weitverzweigten metertiefen Wurzeln, die sich wie Krallen eines Urtieres in den Boden graben, gehalten wird. Frühmorgens und in den Abendstunden, wenn das weiche Licht flach einfällt, rufen die dicken Wülste und Verwachsungen Vergleiche mit menschlichen Körperformen wach — auf den unteren Astpartien erscheint ein geschlossener Mund, runde Verwachsungen erinnern an Augen, die unheimlich herabstarren. Die Rinde des Stammes bildet mit ihren Falten, Schründen und Hohlräumen eine fantastische Kraterlandschaft aus Holz. In einer Höhe von ungefähr 3½ Metern teilt sich der Stamm auf wie ein vielarmiger, gebogener Leuchter; einzelne Buchenstämme wachsen in den Himmel und schließen in unzähligen Verästelungen und Verzweigungen die gewölbte Krone. Einst waren es die Germanen, die ihre magischen Runen in die dünne Rinde der Buche ritzten und auch dieser Recke hat in seinem vernarbten »Baum-Buch« viele Buchstaben und Zeichen aufbewahrt. So manches Herz, das ein junges Liebespaar in seine Rinde schnitt, ist mit den Jahren zugewachsen, Pfeile und Namenszüge haben sich verzogen, sind dunkler, undeutlicher geworden. Unsere alte Buche hat ihr Geheimnis, und ihre stumme Lebendigkeit wird nur dem etwas zu erzählen haben, der in der Begegnung mir ihr auch die Begegnung mit sich selbst sucht.

Das schwere, dunkle Grün des Laubes in den Sommermonaten übertönt alle anderen Farben. Grün ist jetzt überall. Erst gegen Ende August, die stacheligen Fruchtbecher der Bucheckern sind inzwischen runder und dicker geworden, spürt man, der Sommer ist zwar noch da und doch schon fort. Etwas hat sich verändert, man merkte es kaum, der Übergang war fließend, das Augustgrün der Blätter hat einen leichten Braunton bekommen, und hier und da fallen schon einige gelbgefärbte Blätter aus den Zweigen. Von jeher wurden diese zarten Augenblicke zwischen dem verklingenden Nachsommer und dem frühen Herbst als Zeichen der Vergänglichkeit und Erinnerung an den Tod empfunden. Kurt Tucholsky schreibt von der sogenannten fünften, der schönsten Jahreszeit:

»Eines Morgens riechst du den Herbst. Es ist noch nicht kalt; es ist nicht windig; es hat sich eigentlich gar nichts geändert – und doch alles. Es geht wie ein Knack durch die Luft – es ist etwas geschehen; so lange hat sich der Kubus noch gehalten, er hat geschwankt . . ., na . . . na . . ., und nun ist er auf die andere Seite gefallen. Noch ist alles wie gestern: Die Blätter, die Bäume, die Sträucher . . . aber nun ist alles anders. Das Licht ist hell, Spinnenfäden schwimmen durch die Luft, alles hat sich einen Ruck gegeben, dahin der Zauber, der Bann ist gebrochen – nun geht es in einen klaren Herbst. Wie viele hast du? Dies ist einer davon. Das Wunder hat vielleicht vier Tage gedauert oder fünf, und du hast gewünscht, es solle nie, nie aufhören. Es ist die Zeit, in der ältere Herren sehr sentimental werden – es ist nicht der Johannistrieb, es ist etwas andres. Es

ist: optimistische Todesahnung, eine fröhliche Erkenntnis des Endes. Spätsommer, Frühherbst und das, was zwischen ihnen beiden liegt. Eine ganz kurze Spanne Zeit im Jahre. Es ist die fünfte und schönste Jahreszeit.«

Wer möchte nicht die Zeit anhalten in den Monaten September, Oktober, jedes Jahr das gleiche Erstaunen, wie schnell es Herbst wird, wie schnell die milden, sonnigen Tage vergehen. Im Herbst, wenn die stachlig-braunen Hülsen der Bucheckern mit ihren reifen Früchten vom Baum fallen, wenn die Nebel steigen, und es in der Landschaft stiller wird, wandelt sich das Blattwerk der Bavaria-Buche. Es ist ein sanfter, vielfarbiger Wandel von Brauntönen; im Spiel der Farben und des Sonnenlichts wird das Laub rotbraun, glänzend goldrot bis es schließlich im Winter kupferbraun zur Erde fällt.

»Jeden Tag spannt die Sonne jetzt etwas enger ihren Bogen, jede Nacht entsaugt der Frost den Blättern einen Tropfen grünen Blutes. Erst beginnen sie zu gilben, dann rosten sie zu einem bräunlichen Rot, dann erst schrumpfen und welken sie, um schließlich, wenn sie ganz schwach und müde sind, schläfrig vom Baum zu taumeln und auf die Erde zu sinken in sanftem kreisenden Flug. Aber sie wehen nicht fort, sondern sinken nur matt zu den Füßen und umscharen weich den ent-

laubten Stamm, als wollten sie mit ihrem welken Laub noch die Wurzeln für den neuen Frühling wärmen.« (Stefan Zweig)

Die Krone wird immer durchsichtiger; lichter Himmel füllt das nackte Ästegewirr, und wenn der erste Schnee fällt, steht unsere alte Buche wie ein einsames, windgezeichnetes Wahrzeichen in der Landschaft.

Das langsame Kreisen beim Fallen der letzten Blätter erinnert an den Kreislauf allen Lebens, wird zum Lebensgleichnis. Alles hat seine Zeit, verändert sich, mit dem Wachsen, Reifen und Vergehen werden uns die Gesetze der Natur vor Augen geführt. Vor einigen Jahrzehnten galt uns das alljährlich wiederkehrende herbstliche Absterben der Blätter noch als Trost, als Sinnbild der Hoffnung und Zuversicht, der Verheißung für die Auferstehung der Natur im Frühjahr.

»Das wird es sein: das Unmerklichwerden unserer Lebensadern zur Natur – und ihrer zu uns – hat uns kühn und traurig zugleich gemacht. Die Kinder des Fortschritts sind Stiefkinder der Natur geworden; darin vor allem besteht ihre Emanzipation. Die Kehrseite dieser Befreiung erscheint heute als unheilbarer Verlust. Erst im Vollbesitz aller Fortschrittsgipfel leisten wir uns diese hochsensible Trauer wie einen weiteren, qualitativ unterschiedenen Gipfel des extremen Luxus. . . .

Wer hindert uns, unser in der technischen Welt unterbeschäftigtes Herz der Natur und den Menschen mehr zuzuwenden? Und da beider Untergang offenkundig miteinander zutun hat: Ihr Gedeihen wahrscheinlich auch. Dem Beobachter zeigt sich dann von selbst jeder Naturvorgang als ein Sinnbild.« (Gertrud Höhler, Die Bäume des Lebens.)

Betrachtet man das Netzwerk von Gesamtzusammenhängen in der Natur in bezug auf einen Baum, so schlägt die Bavaria-Buche wahrlich zu Buche. Der Baum bildet die Basis unseres gesamten Lebens- und Wirtschaftsraumes. Es müßte eigentlich jeden überzeugen, daß es sich langfristig sehr wohl auszahlt in ökologischen Zusammenhängen zu denken und zu handeln, denn die Ökonomie kann sich weder selbst alleine erhalten noch die Leistungen der Natur übernehmen. Doch dazu wäre ein anderes Verhalten nötig, das die Natur nicht ausbeutet, sondern menschliches Tun und neue Technologie als harmonisch zu integrierendes Teil eines übergeordneten, komplexen Systems begreift. »Daß man Menschen, die je einen goldenen Ahorn im Herbst gesehen haben oder eine Birke im Rauhreif, vorrechnen muß, was Bäume als Staubfänger, Sauerstofflieferanten und Schallschlucker leisten, ist ein Thema für Psychiater und Anthropologen.« (Dieter Wieland)

Ein paar nüchterne Zahlen machen bei aller zwangsläufigen Unvollkommenheit den ungeheuren Wertverlust für unsere gesamte Volkswirtschaft deutlich, der beim Erlöschen der Leistungen unseres Baumbestandes eintreten wird. Die Rechnung beginnt damit, daß wir statt der Bavaria-Buche eine freistehende 100jährige Buche als Beispiel heranziehen, die ungefähr 800 000 Blätter trägt. Diese ergeben eine Oberfläche von etwa 1600 qm. Für den jährlichen Sauerstoffbedarf eines Menschen sind ca. 150 qm notwendig, und somit deckt die Buche den Sauerstoffbedarf von 10 Menschen. So ganz nebenbei nimmt sie noch täglich 2,35 kg Kohlendioxyd auf und verdunstet 5000 Liter Wasser. Als geschlagenes Holz bringt die Buche ihrem Besitzer rund 270,– DM, bleibt sie

jedoch stehen, als »Arbeitskraft« im Kreislauf der Natur, so ergibt sich ein jährlicher Wert in der Größenordnung von ca. 5500,– DM. In dieser Summe sind ihre Leistungen als Sauerstoffproduzent, Wasserspeicher, Erosionsschützer, Klimaregler usw. in Anrechnung gebracht. Nach diesem Berechnungsmodell repräsentiert eine 100jährige Buche einen volkswirtschaftlichen Wert von einer halben Million DM, das ist das über 2000fache ihres nackten Holz-Wertes!

»Und dies bedeutet auf den Baumbestand der Bundesrepublik hochgerechnet über 4000 Milliarden DM pro Jahr – mehr als das doppelte des derzeitigen Bruttosozialproduktes! Denn soviel müßte unsere Volkswirtschaft Jahr für Jahr zusätzlich aufbringen, wenn sie all diese zum Teil lebenswichtigen, aber bisher praktisch kostenlosen Funktionen der Bäume durch eigene Leistungen ersetzen wollte – eine ohnehin illusorische Vorstellung!

Was sind demgegenüber die 10 Milliarden DM für die gesamte Entschwefelung unserer fossilen Kraftwerke – unter Schaffung vieler Arbeitsplätze –, die den Strompreis vielleicht nur um 2 Pfennige anheben würden? Was ist dagegen die eine Milliarde für den Einbau von Abgasfiltern in allen neu zugelassenen Wagen oder die praktisch kostenlose Umstellung auf bleifreies Benzin? Und wie verschwindend gering sind gar die derzeitigen Zuschüsse zur Bewirtschaftung der Staatswälder von jährlich rund 250 Millionen DM! … Kurz, ein Baum ist weit mehr als ein Baum. Seine Leistungsbilanz zeigt, daß im Zusammenspiel der Natur und der Ökosysteme unseres Lebensraumes alle Glieder neben ihrem Eigenwert auch ihren Wert im Gesamtgefüge haben. Erst wenn wir ihre Rolle im System erkennen, wird dieser Wert offenbar. Und lösen wir ein solches Glied aus dem Gefüge, so zerreißen hunderttausende unsichtbarer Fäden — weil mit ihm auch seine Rolle im System erlischt und mit dieser Rolle auch alle seine Leistungen, von denen wir, ohne es zu wissen, profitieren. Schaden wir den Bäumen, so schaden wir letzten Endes vor allem uns selbst.« (Frederic Vester, Der Baum)

Das Sterben der Wälder ist ein neuer Typus von Naturkatastrophe, dessen ganzes Ausmaß in breiten Teilen der Gesellschaft offensichtlich nicht richtig verstanden wird. Bisher brach die ungezähmte Natur mit plötzlicher Gewalt über den Menschen herein und zeigte ihm den brüchigen Naturgrund seiner scheinbar gesicherten Lebensexistenz. Jetzt ist es umgekehrt – die Zivilisation zerstört langsam die Natur – ein Prozeß der weltweit zu registrieren ist. Diese schleichende ökologische Systemerkrankung, vor der in den letzten Jahren immer und immer wieder

gewarnt wurde, hat verschiedene Ursachen, deren Folgen den ganzen Naturhaushalt in Mitleidenschaft ziehen.

Bezeichnenderweise haben die fortschreitenden Walderkrankungen in ganz Europa eine lange Vorgeschichte. Bereits im Jahre 1972 machten die Schweden auf der ersten Umweltkonferenz der Vereinigten Nationen darauf aufmerksam, daß in ihren reinen klaren Seen die Fische sterben durch Übersauerung des Wassers, verursacht durch »importierte« Schadstoffe, die mit Wind und Regen aus anderen europäischen Ländern bis in den hohen Norden gelangten. Man war nicht weiter beunruhigt, noch ahnte niemand, daß bald der Wald aus gleicher Ursache erkranken würde. Jahre vergingen ungenutzt, erst gegen Anfang der 80er Jahre, als sich die Versauerung der Ge-

wässer und des Bodens durch sauren Regen zu einem wesentlichen Schadensbild zusammenfügten und kein europäisches Land mehr vom Waldsterben verschont blieb, schlägt man Alarm. Erst wenn breiten Schichten der Bevölkerung bewußt geworden ist, daß viele Naturkatastrophen vom Menschen selbst verursacht werden, wird die dringende Forderung, der Natur sofort zu ihrem Recht zu verhelfen, zur politisch durchsetzbaren Chance. Die kritische Verletzlichkeit der Natur ist weit größer als bisher vermutet wurde und nötigt uns, neue, weitreichende Verantwortung zu übernehmen. Durch modernste Technologie ergeben sich Handlungen von beispielloser Reichweite für die Zukunft. Wie niemals zuvor in der Geschichte ist unsere technisierte Zivilisation herausgefordert, das ›Prinzip der Verantwortung‹ (Hans Jonas) zu verwirklichen.

Der verantwortungsvolle Umgang mit der Schöpfung macht somit eine Veränderung des ganzen Bewußtseins notwendig. Nur ein ganzheitliches Denken, das über den Menschen selbst hinausführt und die Natur mit einschließt, kann schließlich zu jenem geistig seelischen Änderungsprozeß führen, der uns die unabhängige Würde der Natur wieder wahrnehmen und respektieren läßt.

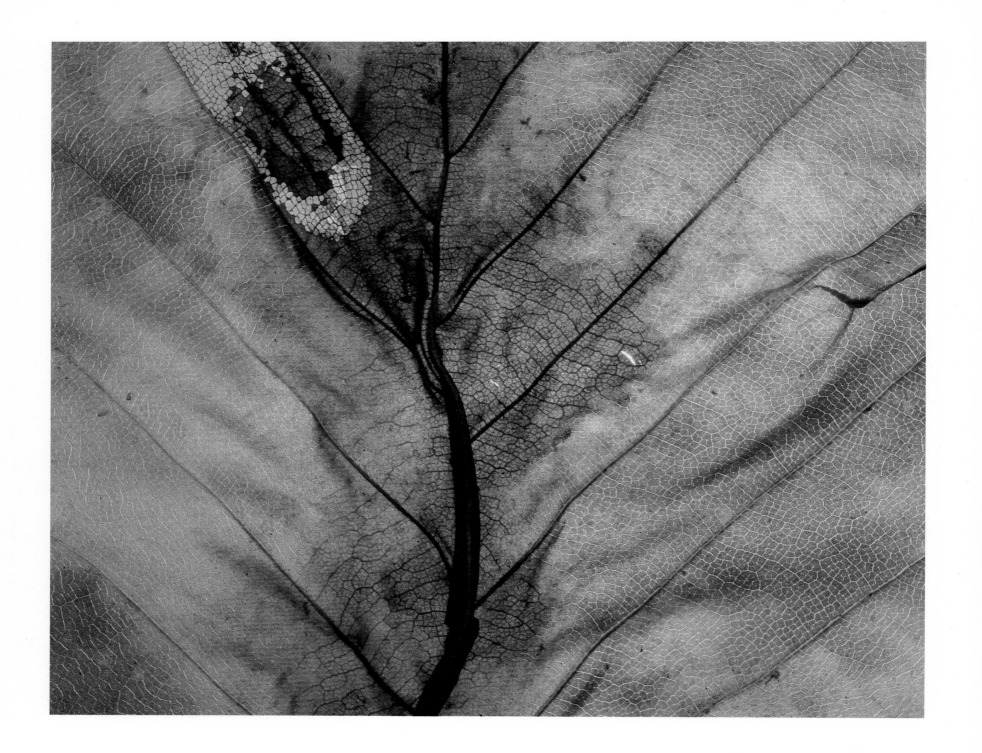

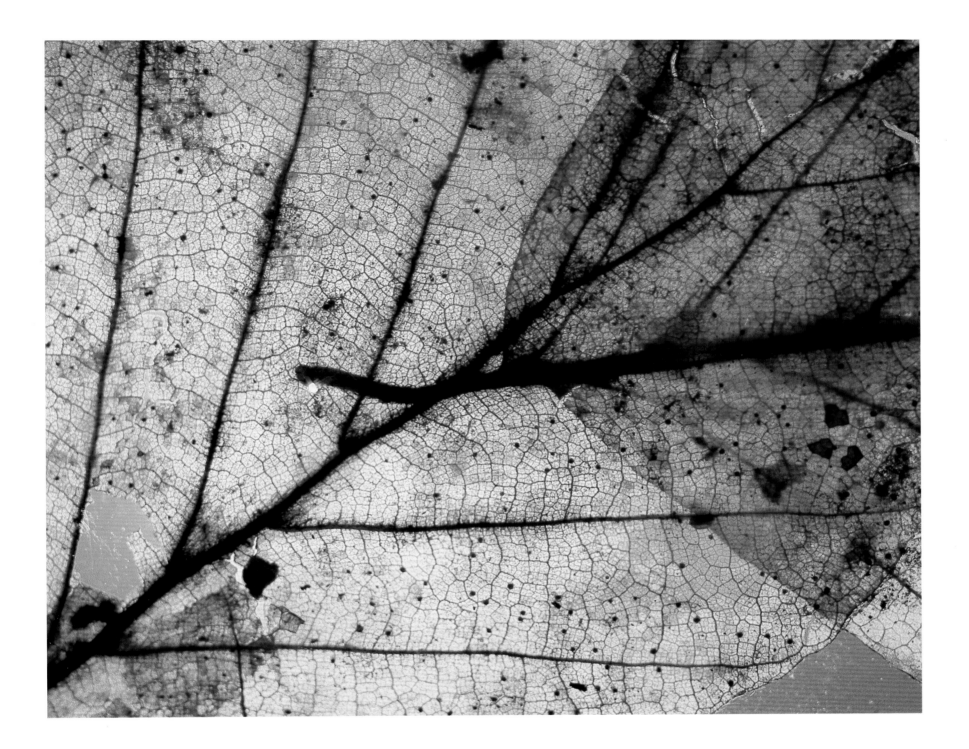

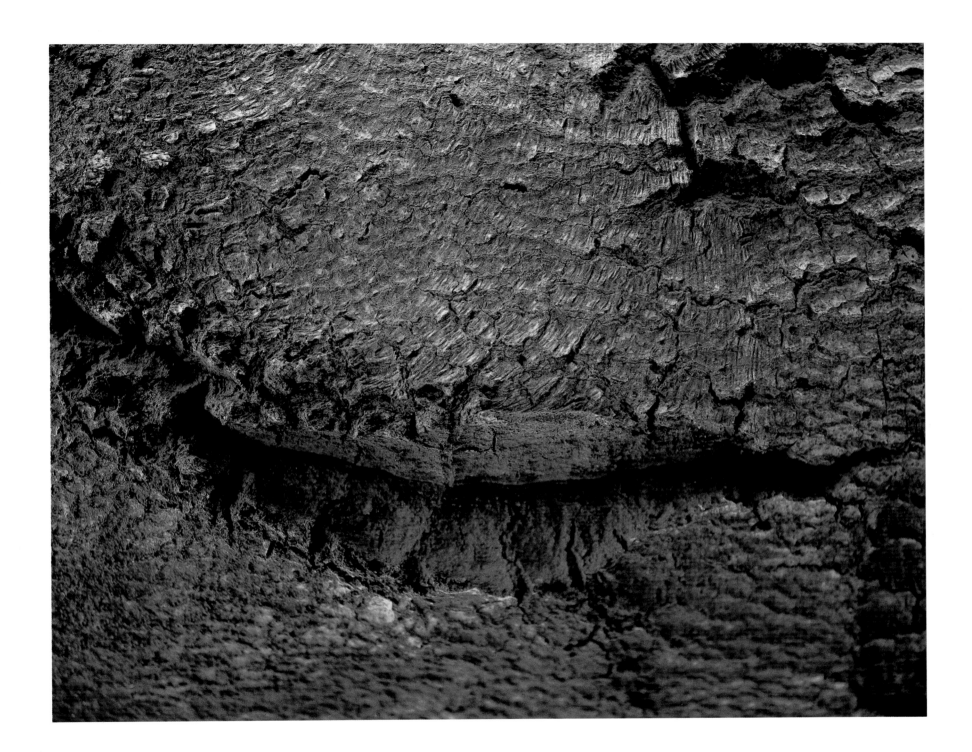

Mythos und Magie

Helmut Dollhopf

Der Baum gehört zu den ältesten Archetypen der Menschheit. In Religionen, Mythen, Literatur und Kunst vieler Völker tritt der Baum in Erscheinung; er wurde zum begreifbaren, anschaulichen Sinnbild ewigen Lebens und zum Ursymbol göttlicher Ordnung. Die geistige Haltung der früheren Hochkulturen ist bestimmt von der Idee einer Harmonie zwischen Himmel und Erde, Oben und Unten, Makro- und Mikrokosmos, Gott und Mensch, Ewigem und Zeitlichem. Ein mächtiges Anfang und Ende zusammenfassendes Gleichnis war der Baum, dem der Mensch sein Heil und sein Verderben zuordnete. Für eine derartige Kosmologie ist in unserer naturentfremdeten Zeit schon lange kein Platz mehr. Über Jahrhunderte hinweg wurde der bedeutungsvolle Baum seiner transzendenten Symbolik immer mehr entledigt und verlor bis auf wenige Überbleibsel fast völlig seinen Gleichnis- und Zeichencharakter.

Heute spielt der Maibaum, Kirchweihbaum, Christ- oder Weihnachtsbaum noch eine Rolle. Nur Wenigen ist dabei bewußt, daß unser jahreszeitliches Brauchtum eine Nachwirkung des Baumkultes aus grauer Vorzeit ist; auch der Stammbaum weist in diese Richtung.

Diese geistige Entlaubung hat nicht unerheblich zum gewissenlosen Umgang mit der gesamten Natur beigetragen, deren Zerstörung wir heute mehr oder weniger abstrakt miterleben. Die Wahrnehmungsmöglichkeiten unserer Sinne sind mit den vielfältigen schleichenden und bedrohlichen Prozessen überfordert, und mangels Naturerfahrung sind wir nicht mehr in der Lage, Gefahren zu erkennen. Angesichts des wehrlosen, leisen Sterbens unserer Wälder ist es auch erforderlich, die Sinnenhaftigkeit der Wahrnehmung neu anzuregen, Herz und Verstand anzureichern mit den inneren Bildern unserer Vorfahren. Die notwendige Balance zwischen Herrschaft und Ehrfurcht muß wieder gefunden werden, um unsere Bäume für kommende Generationen am Leben zu erhalten. Schon immer waren alte Bäume Wahrzeichen, Abbilder des Menschen und des Kosmos; wer sich ihnen zuwendet, wird in seinen Gedanken auf die überlieferten Mythen und Legenden zurückgeführt, die gleichzeitig auf aktuelle existentielle Probleme verweisen. Die Bavaria-Buche, ein letzter mahnender Zuruf aus einer anderen Welt – ein Zeichen zur Umkehr?

»Gott, der Herr ließ aus dem Ackerboden allerlei Bäume wachsen, verlockend anzusehen und mit köstlichen Früchten, in der Mitte des Gartens aber den Baum des Lebens und den Baum der Erkenntnis von Gut und Böse.« (Gen. 2, 9)

»Von allen Bäumen des Gartens darfst du essen, doch vom Baum der Erkenntnis von Gut und Böse darfst du nicht essen; denn sobald du davon ißt, wirst du sterben.« (Gen. 2, 16, 17)

Nach diesen Bibelstellen gab es im Mittelpunkt des Garten Eden zwei Bäume: den Baum des Lebens und den Baum der Erkenntnis, die nicht eindeutig voneinander getrennt werden können. Eines ist jedoch klar: Am Anfang war der Baum, an ihm scheiden sich Leben und Tod. In der Folge gewann der Mensch Erkenntnis über den Unterschied zwischen Gut und Böse und wurde durch seinen Ungehorsam dazu verdammt zu sterben und Böses zu durchleben. Nach der Vertreibung aus dem Paradies hat Adam der Legende zufolge einen Sämling des Lebensbaumes, der ursprünglich Unsterblichkeit verlieh, mitgenommen und somit das Überleben der Menschheit ermöglicht. Von nun an bleibt den Menschen der Garten des Paradieses mit dem Baum der Erkenntnis verschlossen. In der christlichen Interpretation wurde dieser Baum als Kreuz zum doppelsinnigen Todes- und Lebenssymbol. Der Kreuzbaum ist das Sinnbild der Überwindung des Todes und das Versprechen neuen, unvergänglichen Lebens. Überhaupt wird das Baumgleichnis im Alten und Neuen Testament konsequent dargelegt, Heil und Verdammnis, Weltrettung und Weltgericht erscheinen im Zeichen des Baumes. Auch in den Schriften und Bräuchen des Judentums spielen Bäume und deren Zweige eine wichtige Rolle. Die heilige Thora wird mit dem Lebensbaum gleichgesetzt.

»Die Thora ist ein Baum des Lebens, für alle Leben, denn bei Dir ist der Quell des Lebens.«

Was liegt näher, als das Wachsen und Grünen der Bäume generell mit Leben, ihr Kahlwerden im Winter mit Sterben und Tod gleichzusetzen. Beim Lebensbaum spielen immergrüne Bäume eine besondere Rolle. Zypresse und Thuja werden häufig auf Friedhöfen angepflanzt, weil sie im Grunde Symbole der Hoffnung auf ein Weiterleben nach dem Tode sind. Im Unterschied dazu steht der Baum, der im Zyklus der Jahreszeiten immer wieder ›stirbt‹, und zu neuem Leben erwacht. Gerade dieser Gedanke aber, der den Tod nicht ausklammert, sondern Unsterblichkeit und neues Leben nur durch ihn hindurch und in seiner Überwindung für möglich hält, bestimmt die christliche Lehre. Die Vorbilbilder des biblischen Lebensbaumes wurden bereits im 2. Jahrtausend vor Christus in der babylonischen Überlieferung vorgeprägt. In den heiligen Hainen um die Tempel wuchsen Dattelpalmen, Zypressen, Zedern und Granatapfelbäume. Nach dem Adapa-Mythos standen Tamuz, der Gott des Lebensbaumes, und Gizzida, der Gott des Himmeltorbaumes am Eingang des Paradiesgartens.

Bei den Wüstenvölkern ist die Verehrung des Baumes, von dem die Menschen fast alles nahmen, was sie zum Leben brauchten, leicht verständlich. Der Baum war schön und voller Würde, weil er unentbehrlich war. Ein wahrhaftiger Baum des Lebens ist die Dattelpalme, ihr Lebensrhythmus lehrte die Menschen alter Kulturen in großen Zusammenhängen zu denken. Nach sechs bis acht Jahren blüht die junge Dattelpalme zum ersten Mal, aber man muß 20 Jahre warten, um die erste Ernte einzuholen. Das Leben der Dattelpalme dauert etwa 100 Jahre, und während sie langsam abstirbt, treiben unterdessen neue Schößlinge aus ihrem Wurzelhals. Durch ihre ständige Selbstverjüngung überwindet die Palme die Gesetze von Leben und Tod, während Menschen kommen und gehen.

Die Germanen glaubten an die Überlegenheit des Baumes und wiesen ihm, wie dem Menschen, eine Seele zu. Die Wesensgleichheit von Mensch und Baum wird schlicht auf die Formel gebracht: Die Arme der Menschen erheben sich – wie die Zweige der Bäume – zu den göttlichen Mächten empor und sind doch zugleich fest in der Erde verwurzelt.

Von Tacitus wissen wir, daß Wälder den Göttern geweiht waren und Baumgruppen als heilige Haine verehrt wurden. »Ihre Wälder halten sie heilig und mit Götternamen rufen sie jenes ferne, unschaubare Wesen, das nur ihr frommer Schauer sieht.« Am ursprünglichsten wird der Baumkult in den Liedern der Edda deutlich. In den darin enthaltenen Schöpfungs- und Untergangsmythen der Welt spielt der Baum eine zentrale Rolle. Aus einer Esche und einer Ulme erschaffen die drei Gottheiten aus dem Geschlecht der Asen die ersten Menschen. Im Unterschied zur jüdisch-christlichen Tradition zeigt sich, welch elementare Bedeutung die Natur für diese Völker besaß. Nicht die Schöpfungskraft einer Gottheit allein ist es, die den Menschen aus dem Nichts erschafft, sein Dasein hat vielmehr im Wesen zweier Bäume seinen Ursprung. Der Baum wurde als Orakel befragt, wurde zum Versammlungsort, zum Richtplatz und zur Henkerstätte. Die damals strengen Menschenrechte galten auch für heilige Bäume und es war eine Todsünde, sie zu fällen. »Wer einen Baum köpfet, soll derselben wiederum geköpfet werden.« Den Versuch, solche Traditionen mit »Stumpf und Stiel« auszurotten, unternahm bekanntlich Bonifazius, als er die Heilige Donar-Eiche fällte und dafür von den Friesen am 5. Juni 754 bei Dokkum erschlagen wurde. In der Folgezeit überschneiden und befruchten sich heidnische und christliche Vorstellungen und leben schließlich miteinander verschmolzen in der christlichen Lehre weiter. Der Baumkult in der germanischen Mythologie gipfelt, wie bei vielen Völkern, in der Vorstellung vom Weltenbaum, ein kosmisches Bild für das Universum und die heilige Stätte der Götter. »Die Germanen glaubten, daß das Weltall durch einen mächtigen Baum, die immergrüne Weltesche Yggdrasil, zusammengehalten werde. Ihre Zweige breiten sich über die ganze Welt aus, ihre Wipfel reichen nach Asgardor in den Saal Wallhall, den Wohnsitz der Götter, und ihre Wurzeln verzweigen sich tief unter der Erde bis zur Unterwelt. Drei Hauptwurzeln tragen den Baum, wobei unter jeder eine Quelle entspringt. Die eine Wurzel reicht nach Midgard in den von den Menschen bewohnten Teil der Erde, der zwischen Götterhimmel und Totenreich liegt. Hier befindet sich der Brunnen Urd. Die zweite Wurzel verzweigt sich nach Utgard, dem Reich der Dämonen und Riesen, die als Feinde der Götter angesehen wurden. Hier entspringt die Quelle Mimir. An der dritten Wurzel, die nach Niflheim (Nebelheim) ragt, den Bereich, wo Kälte, Nebel und Todesdunkel herrschen, nagt der Drache Nidhöggr, der Neiddrache. Nidhöggr ist das Sinnbild des Bösen. Er kann jedoch die Lebenskraft des Bau-

mes nicht schmälern, solange die drei Nornen, die Schicksalsgöttinnen, die Wurzel der Esche mit lebensspendendem Wasser aus dem Brunnen Urd besprengen. In den Zweigen Yggdrasils sitzt ein Adler – als Vogel der Sonne ein Sinnbild des Guten –, dem großes Wissen verliehen ist. Zwischen diesem und Nidhöggr, der Schlange des Abgrunds – Sinnbild des Bösen – läuft ein Eichhörnchen mit dem Namen Ratatorsk den Stamm der Esche hinauf und hinunter und schürt die beständige Feindschaft zwischen Adler und Schlange, indem es beiden gehässige Worte übermittelt. So ist die Weltesche Yggdrasil das Symbol eines einheitlich und organisch, zugleich jedoch spannungsgeladen polar gegliederten Kosmos.« (Ingrid Bürgy, Der Baum)

In China schreibt eine Vielzahl von Legenden den Bäumen menschliche Eigenschaften zu. Es wird von blutenden Bäumen berichtet, die über tausend Jahre alt wurden. Als man versuchte, diese Riesen zu fällen oder niederzubrennen, stießen sie Angst- und Schmerzensschreie aus. Aus der Vorstellung einer Beseeltheit des Baumes entstanden die Mythen über Grabbäume, die mit menschlicher Stimme sprechen, singen und summen. In diesen Bäumen hatten die Ahnenseelen ihre Wohnstätten. Aus den Gräbern eines Liebespaares wachsen ineinanderverflochtene Bäume empor, in deren Zweige sich die Seelen der Verstorbenen wiederfinden. Ein Charakteristikum des chinesischen Pflanzenanimismus ist die Identifizierung von Baumgeistern mit Menschen. In Sagen werden Vogel, Stier, Hund und Hirsch als Baumdämonen dargestellt, die den Menschen Böses antun und die Ursache von Krankheit und Tod sind. Sie entspringen dem Baum und ergreifen die Flucht, wenn er gefällt wird.

Im taoistischen Gedankengut ist der Baum als Symbol für Leben und Vitalität verwurzelt. Zahlreiche Baumarten sind erwähnt, deren Früchte oder Kerne Gesundheit und langes Leben verleihen. Es machen jedoch nur ganz wenige, besondere Früchte, die schwer zu finden sind, unsterblich.

In den Büchern des Shan-hai-ching

(3.–2. Jh. v. Chr.) wird der himmeltragende und erddurchwurzelnde Weltenbaum Chien-mu, der hundert Klafter hoch ist und keine Äste hat, in das mythische Mittland der Erde versetzt. »Die Himmelsgötter steigen an ihm empor und in die Tiefe. Mittags wirft er keine Schatten, Ruf erzeugt kein Echo, er ist ja das Zentrum der Erde.« Die Monatseinteilung in Dekaden erweckte den Glauben an zehn Sonnen, die im ewigen Rhythmus die Erde unter dem Himmel beleuchten. Entsprechend saß jeweils eine Sonne auf dem höchsten Ast des stützenden Baumes.

Von der frühen Dichtung bis heute steht in China der Baum im Zentrum der poetischen Parallelsetzung von Natur und Mensch. Lao-tse (Ende des 3. Jh. vor Chr.) vergleicht die Weisen des Altertums mit unreifem Holz, so biegsam, schwach und leer erscheinen sie ihm. Der wahre Mensch dagegen habe tiefe Wurzeln und einen festen Stamm.

Bei all der Verehrung, die man in China für den Baum aufbrachte, wurde jahrhundertelang ein rücksichtsloser Raubbau getrieben, der zu einer fast völligen Wald- und Baumlosigkeit des Landes führte. In den Überlieferungen der Choun-Zeit um 1100–256 v. Chr. liest man von Feuerjagden: Ganze Bergwälder wurden niedergebrannt, um den Jägern das Wild zuzutreiben. Auch bestimmte Bräuche trugen dazu

bei, den Bestand der Wälder zu mindern. Für Särge und Grabgewölbe wurde ausgesuchtes Holz mit besonderer Lebensenergie, wie Rottlera, Kiefer und Zypresse, verwendet. So wurde das Zypressenholz der kaiserlichen Grabgewölbe aus dem Fuß des Stammes geschnitten, weil von diesem, wie man glaubte, mehr vitale Kraft ausging als von den höheren und jüngeren Holzpartien. Um 300 v. Chr. waren die Wälder über große Gebiete hinweg in einem Ausmaß abgeholzt, daß nicht mehr genügend Sargholz für den Bedarf der Bevölkerung vorhanden war. Es ist überliefert, daß bereits damals Forderungen laut wurden, die Waldbestände durch zeitliche Beschränkung des Holzfällens zu schonen.

1978 hat sich China dazu entschlos-

sen, mit einem der größten Aufforstungsprojekte der Welt zu beginnen. Um die gefürchteten Stürme aus Sibirien und der Wüste Gobi abzumildern, ist ein Schutzwaldgürtel von 7000 km vorgesehen. Ferner wurde 1982 eine staatliche Anordnung erlassen, die jeden arbeitsfähigen Chinesen verpflichtet, pro Jahr mindestens drei Bäume anzupflanzen.

Auch in der Tradition Indiens entwickelten sich die Baummythen aus dem Verlangen der Menschen, die Welt nach einer paradiesischen Idealvorstellung zu ordnen. Die Hindus bildeten sich einen Weltmittelpunkt, der in Form von Baum, Wasser und Stein Gestalt annimmt. Dieser heilige Ort auf Erden, an dem sich das Einswerden mit dem Göttlichen durch die Darbietung von Opfergaben vollzieht, wird im Zusammenhang mit einem entsprechenden himmlischen Ort verstanden, in dessen Mittelpunkt ebenfalls ein Baum steht, der von Göttern bewohnt wird. In den frühen Zeugnissen der indischen Literatur, den Schriften der Veden (ca. 1200–600 v. Chr.) wird vom umgekehrten Baum berichtet, der im Himmel verwurzelt ist, und dessen Blattwerk die Welt ausfüllt. Wunderbare Taten von Göttern und Heroen ereignen sich bei diesem mythischen Paradiesbaum, der auch als verkörperte Offenbarung des Brahman im Kosmos gedeutet wird. Um die göttlichen und menschlichen Eigenschaften des kosmischen Baumes in ihrer Ganzheit für die Gläubigen begreifbar zu machen, wird der Yupa (Opferpfahl) in der indischen Welt als Symbol aufbewahrt.

Im Mittelpunkt des Baumkultes steht beim Buddhismus der Baum der Erleuchtung. Nur unter einem heiligen Baum, dem Symbol der Unsterblichkeit, Fruchtbarkeit und Weisheit, konnte Siddharta zur Erleuchtung gelangen und zum Buddha (der Erleuchtete) werden. Die wichtigen Stationen im Leben Buddhas: Geburt, erste Meditation, Erleuchtung und Tod vollziehen sich im Zusammenhang mit einem Baum. Die letzte und schwerste Prüfung war für den jungen Siddharta, als er sich dem Kampf mit dem Bösen, um den Besitz des Baumes von Weisheit und Leben stellte. Der Vollmond schien im Monat Mai, die Töchter Maras (Verkörperung des Bösen) betörten den Asketen mit ihren Reizen, schauerliche Dämonen und Ungeheuer fielen über ihn, doch Siddharta widerstand allen Versuchungen und es wurde ihm die Erleuchtung (Bodhi) zuteil, daß das Leiden Grundbestand der Welt ist. In der Stunde seines Todes ließ sich Buddha von seinem engsten Begleiter Ananda ein Lager zwischen zwei Sala-Bäumen bereiten und als er starb, blühten die Bäume und Blüten bedeckten seinen Körper, obwohl es nicht an der Zeit war. Der Lebenskreis ist geschlossen,

Geburt und Tod stehen im Zeichen des Baumes.

»Bäume und Wälder sind das höchste Geschenk, mit der die Natur den Menschen begnadet hat.« Diese Worte finden sich in der »Naturgeschichte« des römischen Schriftstellers Plinius (24–79 n. Chr.), der uns vom »tausendfältigen« Nutzen der Bäume berichtet, ohne den das Leben nicht möglich wäre.

In der Landwirtschaft der Antike nahm der Fruchtbaum als Nahrungsquelle neben Getreideanbau und Viehzucht noch eine bedeutende Stellung in der Existenzgrundlage ein. Das Wissen um die Baumzucht, die jahrelange, beständige Pflege erforderte, war hoch entwickelt und hat mit zur Seßhaftigkeit der Völker beigetragen.

Die Vorstellung einer Wesensverwandtschaft zwischen Mensch und Baum ist in der antiken Philosophie, Mythologie und Poesie tief verwurzelt. Nach Platon erzeugten die Götter eine dem Menschen verwandte Natur, die von anderer Gestalt und mit anderen Empfindungen ausgerüstet ist. Pflanzen und Bäume sind für ihn eingewurzelte, beseelte Lebewesen, die der eigenen Bewegung beraubt sind. Als Verkörperung der Baumseele begegnen uns Nymphen, die in bestimmten Bäumen leben und mit diesen schicksalhaft verwachsen sind. Es galt als schweres Verbrechen, solche Bäume

zu fällen oder zu verletzen. In seiner Sagendichtung, den »Metamorphosen« beschreibt Ovid (43 v. Chr.–18 n. Chr.) das Schicksal einer Baumnymphe. Der thessalische Königssohn Erysichthon mißachtet die Macht der Götter und fällt in einem heiligen, der Göttin Ceres geweihten Hain eine Eiche. In seinem Schmerz erzittert der Baum, gibt Seufzer von sich, Blut strömt aus dem verletzten Stamm und gleichzeitig erblassen Blätter und Äste. In Todesangst ertönt eine Stimme aus dem Baum: »Unter diesem Holz lebe ich, Ceres' liebste Nymphe. Sterbend weissage ich dir, daß dir die Strafe für deine Tat bevorsteht – mir ein Trost im Tode.« Der Frevler wird von Ceres mit unstillbarem Hunger bestraft, dem er durch Selbstzerfleischung erliegt. Die Früchte der Steineiche galten als erste, ursprüngliche Nahrung der Menschen und so wurde diese Strafe auch als Mahnung der nahrungsspendenden Göttin gedeutet.

Auch die vielseitige, symbolhafte Bedeutung des immergrünen Lorbeers ist uns im berühmten Mythos von Apoll und Daphne überliefert. Der Gott Apoll verliebt sich unsterblich in die Nymphe Daphne und versucht sich ihr zu nähern. Als sie sich seiner nicht mehr erwehren konnte, wurde sie auf ihr Flehen hin in einen Lorbeerbaum verwandelt. Ovid beschreibt diesen Vorgang: »Kaum hat sie ihr Gebet beendet, da

kommt über ihre Glieder eine lastende Starre. Um die zarte Brust legt sich dünner Bast. Das Haar wächst sich zu Laub aus, die Arme zu Ästen; der eben noch so flinke Fuß haftet an zähen Wurzeln. Das Gesicht hat der Wipfel verschlungen. Apoll schlang seine Arme um den Baum und sprach: ›Da du nicht meine Gemahlin sein kannst, wirst du wenigstens mein Baum sein. Stets werden mein Haupthaar, mein Saitenspiel, mein Köcher dich tragen, Lorbeer.‹« Die Metamorphose Daphnes in einen Lorbeerbaum ist die mythologische Erklärung für die Verwendung des Baumes im Apollon-Kult als Schutzgottheit, Symbol der Reinheit und Sühne, und als Zeichen des Triumphes. Unter dem römischen Kaiser Augustus (63 v. Chr.–14 n. Chr.), der sich als Inkarnation des Gottes Apoll verehren ließ, stand dieser Kult in voller Blüte. Der bekannte Brauch, Künstler mit einem Lorbeerkranz zu schmükken, entwickelte sich aus der Verehrung Apolls als Gott der Musen.

In der Antike waren die Kulturvölker des Mittelmeerraumes von der Kraft der ewig schöpferischen Natur, die jede neue Gestalt aus einer bereits bestehenden hervorgehen läßt, überzeugt. Alles wandelt sich und nichts in der Welt geht endgültig zugrunde. Man glaubte an die weitere Existenz der Seelen von Verstorbenen. Die Bäume auf Grabhügeln und Hainen versinn-

bildlichten die unvergängliche Fortdauer des menschlichen Wesens. Der Baum galt auch als archetypische Geburtsstätte und Ort menschlichen Schicksals. In vielen Mythen spiegelt sich der Wunsch, das Werden und Vergehen der Menschen durch Bilder der alles umfassenden Natur zu veranschaulichen. So wurde der Göttervater Zeus von Rhea unter einer Pappel auf Kreta geboren, die Göttin Hera kam unter einer alten Weide auf Samos zur Welt.

Der Glaube an den spiegelbildhaften Charakter von Schicksalsbäumen, die bei der Geburt eines Menschen gepflanzt wurden, war besonders ausgeprägt. Man sah in dem Zustand dieser Bäume Vorzeichen für zukünftige Ereignisse. »Ganz wie der Bäume Geschlecht so sind die Geschlechter der Menschen, streut doch der Wind auf den Boden die einen Blätter, die anderen treibt der grünende Wald zur Zeit des knospenden Frühlings. So von der Menschen Geschlecht wächst eines, das andere verschwindet.« (Homer, Ilias, 6. Gesang.)

Mit den ersten christlichen Kaisern setzte das Ende der antiken Baumheiligtümer ein. Der römische Kaiser Theodosius (346–395) hat als fanatischer Nicäaner die Verehrung heiliger Bäume direkt verboten, da sie als Zeugnisse heidnischen Glaubens galten. Im Zuge des sich verbreiten-

den Christentums verschwanden die Baumheiligtümer allmählich – doch in den Schriften des Alten und Neuen Testamentes steht uns das allumfassende Baumgleichnis noch vor Augen.

Der Baum des zwanzigsten Jahrhunderts ist geistig leer, hat seine Gleichniskraft verloren, längst haben sich die reichen Sinnbilder unserer Vorfahren aus ihm zurückgezogen. Indem er nichts mehr bedeutet, hat er auch unseren Schutz verloren, sein Sterben wollen wir nicht mehr als Vorboten eigenen Unheils erkennen.

Literaturhinweise

Susanne Fischer, Blätter von Bäumen, Frankfurt am Main 1982
Hans Gercke, Der Baum, Heidelberg 1985
Hermann Hesse, Bäume, Frankfurt am Main 1952
Gertrud Höhler, Die Bäume des Lebens, Stuttgart 1985
Hans Jonas, Das Prinzip Verantwortung, Frankfurt am Main 1979
Gerd-Klaus Kaltenbrunner, »Was aber schön ist . . .«, München 1983
Klaus Michael Meyer-Abich, Wege zum Frieden mit der Natur, München 1984
Wilhelm Schneider, Stirbt das Wasser, stirbt der Mensch, München 1986

Die Autoren bedanken sich bei:

Gerhard Brunner, Thann
Franz Fersch, Pondorf
Anna und Martin Kolb, Pondorf
Wolf-Labor, Fürth

© 1988 Stürtz Verlag Würzburg
Gestaltung: Hannelore Liedel
Gesamtherstellung: Universitätsdruckerei H. Stürtz AG, Würzburg
Printed in Germany
ISBN 3 8003 0297 7